LETTRES

DE M. DE VOLNEY
ET DU BARON DE GRIMM.

On trouve, chez le même Libraire, le *Supplément à la Correspondance littéraire* de MM. Grimm et Diderot, contenant les *Opuscules* de Grimm et des *Remarques* sur les 16 volumes, par M. Barbier, ancien bibliothécaire; in-8º. prix : 5 fr. 50 c., et 7 fr. 30 c. franc de port.

LETTRE

DE M. DE VOLNEY

A M. LE BARON DE GRIMM,

CHARGÉ DES AFFAIRES DE SA MAJESTÉ L'IMPÉRATRICE DES RUSSIES, A PARIS;

En renvoyant la Médaille d'or que Sa Majesté lui avoit fait remettre;

SUIVIE

DE LA RÉPONSE

DE M. LE BARON DE GRIMM

A M. CHASSEBOEUF DE VOLNEY,

En date du 1er janvier 1792.

A PARIS,

CHEZ POTEY, LIBRAIRE, RUE DU BAC, N° 46.

1823.

AVIS AU LECTEUR.

Lorsque je publiai, en 1814, le *Supplément à la Correspondance du baron de Grimm*, je possédais la *Réponse*, imprimée sous son nom, *à la lettre de M. de Volney*; cette pièce est d'une extrême rareté : réunie aux opuscules du célèbre correspondant littéraire, elle eût sans doute donné au Supplément un intérêt tout particulier; mais il répugnait à ma délicatesse d'affliger un savant aussi recommandable que M. de Volney. Aujourd'hui qu'il n'est plus, je crois pouvoir compléter les opuscules de Grimm. M. de Volney laisse assez de titres à l'estime publique, pour le venger des sarcasmes d'un ancien ami que les circonstances les plus extraordinaires avaient métamorphosé en implacable ennemi.

Il m'a paru convenable de reproduire ici la lettre qui a occasionné l'énergique réponse.

Plusieurs personnes pensent que cette *Réponse* est une pièce supposée, et elles ne sont pas éloignées de l'attribuer au comte de Rivarol. Je serais charmé que la présente réimpression contribuât à en faire connaître le véritable auteur.

LETTRE

DE M. DE VOLNEY A M. LE BARON DE GRIMM.

De Paris, ce 4 décembre 1791.

Monsieur,

La protection déclarée que S. M. l'impératrice des Russies accorde à des Français révoltés, les secours pécuniaires dont elle favorise les ennemis de ma patrie, ne me permettent plus de garder en mes mains le monument de générosité qu'elle y a déposé. Vous sentez que je parle de la médaille d'or qu'au mois de juin 1788 vous m'adressâtes de la part de Sa Majesté (1).

Tant que j'ai pu voir en ce don un témoignage d'estime et d'approbation des principes politiques

---

(1) En juin 1787, M. le baron de Grimm m'ayant prévenu, chez M. d'Holbach, qu'il se proposait d'envoyer à l'impératrice mon Voyage (d'Égypte et de Syrie), qui venait de paraître, je le priai d'en recevoir un exemplaire choisi et corrigé; il y mit la condition obligeante de le présenter de ma part; et c'est cette politesse qui, sept mois après, m'attira une très-belle médaille; mon Mémoire sur la guerre des Turcs était presque achevé, et je dirai, avec vérité, que je n'y ajoutai ni n'en retranchai. (*Note de l'auteur.*)

que j'ai manifestés, je lui ai porté le respect que l'on doit à un noble emploi de la puissance; mais aujourd'hui que je partage cet or avec des hommes pervers et dénaturés, de quel œil pourrais-je l'envisager? Comment souffrirais-je que mon nom se trouvât inscrit sur les mêmes registres que ceux des déprédateurs de la France? Sans doute l'Impératrice est trompée; sans doute la souveraine qui nous a montré l'exemple de consulter les philosophes pour dresser un code de lois; qui a reconnu pour base de ses lois l'*égalité* et la *liberté;* qui, dans son administration, a sans cesse tendu à l'anéantissement de la noblesse et de la féodalité; qui a affranchi ses propres serfs, et qui, ne pouvant briser les liens de ceux de ses boyards, les a du moins relâchés; sans doute Catherine II n'a point entendu épouser la querelle des champions iniques et absurdes de la barbarie superstitieuse et tyrannique des siècles passés; sans doute, enfin, sa religion séduite n'a besoin que d'un rayon pour se dessiller. Mais, en attendant, un grand scandale de contradiction existe, et les esprits droits et justes ne peuvent consentir à le partager. Veuillez donc, Monsieur, rendre à l'Impératrice un bienfait dont je ne puis plus m'honorer; veuillez lui dire que si je l'obtins de son estime, je le lui rends pour la conserver, que les nouvelles lois de mon pays qu'elle persécute, ne me permettent d'être ingrat ni lâche, et qu'après tant de vœux pour une gloire que je crois utile à l'humanité, il m'est douloureux de n'avoir que des illusions à regretter.

Signé VOLNEY,
Ex-député à l'Assemblée nationale de France, en 1789.

RÉPONSE

De M. le baron DE GRIMM, chargé des affaires de S. M. l'Impératrice des Russies, à Paris, à la lettre de M. Chasseboeuf de Volney, en date du 4 décembre 1791.

A Coblentz, ce 1er janvier 1792.

J'AI reçu votre longue lettre, mon cher Volney, et la petite médaille d'or que je vous avais accordée, après maintes sollicitations et maintes lettres écrites par vous à mes amis, qui s'obligent à vous les produire, si vous le désirez. Il faut (non pas pour vous qui le savez bien, mais pour le public), vous expliquer ce que sont ces médailles d'or accordées au nom de Sa Majesté l'impératrice des Russies, aux *brochuriers* de Paris.

Sa Majesté aime les lettres; elle veut les encourager; elle sait que quelques petits dons de sa main peuvent, en excitant l'émulation, développer le génie. Elle accepte assez volontiers tous les livres qu'on lui présente. Il est vrai qu'elle ne lit que les bons, mais elle paie quelquefois les mauvais. De pareils détails sont au-dessous d'elle. L'ensemble seulement a fixé un moment ses regards; et il a été accordé à ses ministres dans les cours étrangères la permission de distribuer ces encouragemens, en son nom, aux jeunes gens qu'ils croiraient les mériter. Cette décision de sa part est du 15 mars 1770. Voilà, mon cher Volney, ce qu'il fallait apprendre au public, pour faire cesser son étonnement au sujet de la médaille d'or dont je vous avais honoré. Le tort de vous l'avoir accordée est bien léger ; mais enfin ce tort, c'est moi, qui l'ai eu. Vous me disiez que vous aviez tant d'esprit ! que vous faisiez de si bons livres ! ma faute est de vous avoir cru sur parole. Mais, d'un autre côté, vous désiriez à ma souveraine tant de succès dans sa guerre contre les Turcs, que vos souhaits valaient bien une médaille ; ainsi je ne peux encore me repentir de l'avoir accordée à vos pressantes sollicitations. Aujourd'hui vous me la renvoyez, mon cher Volney ; en vérité, si je pouvais en disposer, je la présenterais au comte de Rivarol, qui, si je l'en avais cru, m'eût empêché de faire une pareille inconvenance à votre égard. Placé, depuis plusieurs années, sur l'observatoire de la république des lettres, il applique son microscope à découvrir les cirons de la littérature, et à les faire connaître : un homme de cette trempe serait utile à ma souveraine, pour empêcher ses agens de donner de petites médailles aussi mal à propos. Mais, dans votre lettre du 4 décembre, vous vous donnez quelques tons que je ne vous passerai pas.

Vous ne voulez pas que votre nom se trouve inscrit sur le registre des munificences de Sa Majesté : il faut avoir toute la vanité d'un petit auteur pour se repaître d'une pareille idée. Croyez, mon cher Volney, que lorsque Sa Majesté ou ses agens accordent un écu d'or, on n'y attache pas assez d'importance à Pétersbourg pour en conserver le souvenir dans des registres; et la preuve péremptoire que je peux vous donner du peu d'importance que l'on met à ces dons-là, c'est que vous les avez obtenus. On inscrit les dons annuels ou les pensions; mais ceux-là, c'est Sa Majesté Impériale elle-même qui les donne; et vous saviez mieux que personne que vous étiez bien éloigné d'obtenir une pareille faveur.

On a quelque peine à deviner quel est le motif qui a pu vous engager à vous donner le ridicule de la démarche que vous venez de faire envers moi, et à laquelle vous sentez bien que ce n'est qu'au faubourg Saint-Marceau qu'on peut trouver de l'importance. Mais, comme je vous connais, je vous ai bien vite deviné. Vous voulez absolument faire parler de vous, mon cher Volney, pour vous rattacher aux jacobins, ou vous faire payer par les monarchiens qui disposent de la liste civile. Voilà le défaut de la cuirasse. S'il vous avait plu de me consulter, je vous aurais déconseillé une pareille bévue, qui vous mène précisément où vous ne voulez pas aller : cela vous mène à réveiller dans le public le souvenir de votre âpreté à ramasser les miettes de cette liste civile; et cette âpreté ne va pas avec l'affiche des vertus républicaines; elle se rapproche un peu trop *des manières des déprédateurs de la France.*

Mais voilà ce que c'est que de consulter, sur la politique, le médecin Cabanis; sur les moyens de s'enrichir, l'ex-bénédictin abbé de La Roche, d'abord moine, puis apostat, puis secrétaire d'Helvétius, puis athée, puis pensionnaire d'Helvétius, puis bas valet, et *la comère des beaux esprits*, puis aumônier de monseigneur comte d'Artois, puis pensionnaire du même prince, puis dans la révolution, puis acquéreur des biens du clergé et des possessions de l'abbé Morellet, son ami depuis vingt ans, possesseur du prieuré de Thimer; et sur ce qui est de conduite et de bon sens, une madame Helvétius, espèce de folle de la moderne démocratie, mais qui, avant d'aimer si fort la liberté, a présenté deux requêtes au ministre des lettres de cachet pour faire enfermer sa propre sœur, sous le prétexte qu'elle était folle, et, dans la vérité, pour l'empêcher de se marier et de porter ses biens à d'autres qu'à elle; qui, ayant en effet obtenu la lettre de cachet, a fait publiquement et en plein jour arrêter sa sœur par les soldats du guet, à la vue de tous les habitans de la place Vendôme, où elle logeait, et l'a fait enfermer à l'abbaye de Belle-Chasse. Je vous l'ai dit cent fois, cette maison d'Auteuil est une loge de fous les plus ridicules de la terre. Quel diable de conseil vous avaient donné tous ces gens-là, au mois de décembre 1789.....?

Vous étiez l'un des plus éloquens orateurs muets de l'Assemblée nationale. Votre air d'importance vous y donnait une sorte d'attitude ; vos mouvemens, une espèce d'ascendant ; vous aviez merveilleusement acquis l'apparence d'un dépositaire de tous les secrets de la faction ; ce qui vous faisait appeler si plaisamment, par le comte de Mirabeau, *le Basile des Jacobins*. Vous pouviez vous vanter de quelques incendies dans l'Anjou, et de quelques douzaines d'assassinats ; avec ces avantages, vous pouviez très-certainement, en restant attaché aux jacobins, recueillir les débris de ce que n'auraient pu emporter Mirabeau, Chapelier ou le duc d'Orléans ; et en attendant patiemment l'établissement des assignats, vous aviez presque la certitude de pouvoir en remplir votre porte-feuille : au lieu de cette marche si aisée à suivre, que vous ont fait faire vos amis d'Auteuil? Ils vous conseillèrent de vous faire acheter par le ministre ; et vous vous rappellerez tout ce que je vous dis pour vous garantir de cette lourde sottise. Cela fut inutile.

Au mois de décembre 1789, le fier républicain Volney parvint, bien en secret, jusqu'à M. de Montmorin, et se proposa pour être acheté. Le bon M. de Montmorin, qui se servait depuis long-temps de la poudre sans l'avoir inventée, vous crut, sur votre parole, un personnage important dans le club des jacobins. Il faut bien que je le lui pardonne ; car moi aussi je vous avais cru un homme de beaucoup d'esprit ; sur la même assurance, le marché fut bientôt conclu ; et assurément le Fabricius Volney, qui, le 4 décembre 1791, renvoie à Grimm un écu d'or qu'il lui avait donné en 1788, s'en était adjugé une assez bonne collection dans son traité avec M. de Montmorin. Voici quel était votre marché.

On vous donnait l'intendance de l'île de Corse et six mille livres d'appointemens ; l'inspection générale du commerce de l'île de Corse, et encore six mille livres d'appointemens, et puis six mille livres de gratification pour les frais du voyage de M. Volney, de Paris dans l'île de Corse. Six mille livres à M. de Volney pour aller de Paris en Corse.....! Eh! mon ami, quand vous voyagiez en Egypte, un bâton blanc à la main, vous n'étiez pas si cher, et j'ai peine à croire cependant qu'alors vous n'eussiez pu acquérir quelque estime.

Glorieux de ce marché, jugeant de votre valeur par le prix qu'on y avait mis, vous étiez au comble de vos vœux. Je vous prédis de promptes disgrâces et un opprobre ineffaçable : cela ne tarda pas d'arriver. Dès le 14 janvier vous eûtes un premier déboire. M. de Montmorin rapporta au conseil du Roi son travail sur M. de Volney, et ce diable de Necker, qui, quoi qu'on en dise, était bien, je l'avoue, un traître et un pervers, mais qui avait du tact, fit aussitôt une si forte grimace, que le Roi s'en aperçut, et dit : *Je vois que M. Necker n'est pas de cet avis.* Sur quoi celui-ci prend la parole, et discutant la différence entre le prix réel de M. de Volney et celui auquel il prétendait, il prouva très-clairement que par malheur M. de Volney n'était pas un aussi puissant scélérat qu'il voulait le persuader; que c'était un mauvais valet de conjuré, qui voulait changer de condition; et que si l'on payait ainsi les casse-cou, on ne pourrait plus, par aucun motif, satisfaire l'ambition des chefs. M. de Montmorin insista et obtint le *bon* du Roi. Vous crûtes triompher, et je vous annonçai de nouveau un opprobre plus éclatant; car je connaissais Necker et sa manière de travailler. Cela ne fut pas long : il vous fit dénoncer, le 20 janvier, aux jacobins, et produisit les honteuses conditions de votre honteux marché. Dès le 26 janvier 1790 (*Journal des Débats et décrets du 26 janvier*), cet enragé de Goupil de Préfeln dénonça à l'Assemblée nationale que trois de ses membres s'étaient vendus au ministre, et que l'un de ces transfuges était le fougueux, le républicain Volney, et il provoqua un décret qui mit fin pour jamais à ces désertions ignominieuses. Grand tapage; on veut surtout que le décret ait un effet rétroactif pour atteindre M. de Volney ; car M. le duc de Biron, sans attendre le décret, s'était démis de sa place de gouverneur de l'île de Corse. MM. Le Couteulx et Nourrissart avaient annoncé qu'ils suivraient cet exemple. M. de Volney paraît enfin, et il n'ouvre la bouche que pour se couvrir d'ignominie. Il déclare nettement (*Bulletin de l'Assemblée nationale*, du 26 janvier, pag. 7) qu'il s'oppose à l'effet rétroactif du décret ; qu'il est vrai qu'il a obtenu deux places du ministre ; qu'il sait bien qu'on ne peut être à la fois juge des ministres dans l'assemblée et leur subordonné, mais que son choix est fait, et qu'il renoncera à sa qualité de député. Vous savez quel fut le succès de ce discours ; quelles épouvantables huées l'accompagnèrent. Le décret prohibitif est prononcé. Mais comme on pouvait croire qu'en effet il n'avait pas un effet rétroactif, mon Volney s'acharne à son opprobre : il voit MM. Le Couteulx et Nourrissart se démettre formellement le 27 janvier ; il entend les applaudissemens dont on les honore ; et mon vilain tient bon. Il lutte, il ne peut lâcher sa proie : mais le ministre, qui voit l'inutilité de la lui laisser, le menace de la lui ravir. Les jacobins, d'un autre côté, le menacent de cette fatale lanterne dont naguère le sieur Volney menaçait les nobles de l'Anjou : enfin, le 29 janvier, n'osant paraître dans l'assemblée, il écrit la lettre la plus plate, la plus lâche, et se démet de son intendance (*Voyez* cette lettre au *Procès-Verbal de l'Assemblée nationale*, du 29 janvier 1790, pag. 7). Le plus froid silence accueille cette démarche honteuse et tardive : elle tombait dans l'oubli, si la méchanceté d'un abbé Latyl n'eût demandé et obtenu que la lettre serait inscrite dans le procès-verbal.

Voilà les faits, mon cher Volney ; et, depuis qu'ayant perdu vos douze mille livres de rente il ne vous restait plus que dix-huit livres par jour comme député, avez-vous quitté l'assemblée, comme vous juriez que vous le feriez, le 26 janvier, quelle que fût sa décision ? Oh que non ! Ces dix-huit livres par jour valaient mieux que rien du tout, et vous y êtes resté jusqu'à la clôture. Et c'est le même homme qui renvoie à Grimm un écu d'or.....! Eh ! mon ami, il fallait le garder ; c'était toujours cela. En le perdant, vous verrez qu'on ne vous achètera d'aucun côté.

Votre lettre est encore au-dessous de la médiocrité de vos autres productions. Vous appelez les frères du Roi et les nobles français *des révoltés*. Il est vrai qu'ils ont tort : on les pille, on les insulte, on les brûle, on les assassine ; et ils se révoltent contre les maîtres d'une faction où le grand Volney occupe la place de manœuvre. Vous les nommez *des hommes pervers*. Vous vous y connaissez, mon cher Volney ; mais cependant ces hommes pervers portent tout ce qui leur reste d'argent aux frères

du Roi, et ne demandent un écu d'or à personne ; ils n'ont ni intendance ni inspection, et on ne leur reproche aucune bassesse. Vous les qualifiez *d'hommes dénaturés.* Vraiment, s'il est dans la nature qu'un Volney ait une intendance de six mille livres de rente avec une inspection de six mille livres de rente, et que, pour se rendre en Corse, il lui faille encore six mille livres, ces gens-là, qui ne veulent pas souffrir un ordre de choses où cela arrive et peut arriver, sont fort *dénaturés*, et je vous assure qu'ils ne le souffriront pas. Je sens bien l'embarras de votre position ; et la fin de votre lettre, rendue à son vrai sens, me l'exprime assez. « Après tant de vœux pour *une révo-*
» *lution,* que je crus utile *à ma fortune,* il est
» douloureux de n'avoir que des illusions à re-
» gretter. » Voilà bien, je n'en doute pas, le langage de votre cœur : mais prenez-vous-en aux circonstances. Tout le monde ne peut pas se vendre aussi fructueusement que votre ami Cabanis : il est médecin, et Mirabeau était son malade. Il l'a par Dieu bien promptement guéri, à la grande satisfaction de ceux qui l'employaient. J'avoue que c'est un coup de maître : aussi l'a-t-il bien loué après sa mort. Il faut convenir qu'il lui avait de grandes obligations.

Avant de finir cette lettre, dites-moi, mon cher Volney, sentez-vous bien toute l'indignité de votre position ? Quoi ! dès qu'un homme de votre parti, jacobin ou monarchien, veut se donner quelque éclat, il ne faut qu'examiner sa vie pour y trouver mille traits de lâcheté et d'infamie! Vous me dites que votre Brissot de Warville est un bon républicain; oui: mais il fut espion de police sous M. Le Noir, à cent cinquante livres par mois. Je le défie de le nier, et j'ajoute qu'il fut chassé de la police, parce que La Fayette, qui dès lors commençait à intriguer, l'avait corrompu et pris à son service. Vous me citez votre témoin banal, le sieur Morel, l'assassin de Favras; mais il a été deux fois à Bicêtre, et une fois pour fait de sodomie. Vous ne cessez de parler du dévouement de M. Manuel, procureur de la commune de Paris; mais il a resté six ans à Bicêtre pour fait d'escroquerie. Quelle fatalité que tous ces souvenirs-là? Croyez-moi, faites décréter, sur la motion de l'abbé Fauchet, que la mémoire du temps passé est une aristocratie, et en parler, un acte d'incivisme. Adieu, mon cher Volney.

PARIS, DE L'IMPRIMERIE DE LEBEL, IMPRIMEUR DU ROI.

www.ingramcontent.com/pod-product-compliance
Lightning Source LLC
Chambersburg PA
CBHW071436060426
42450CB00009BA/2197